中华人民共和国交通运输部

公路工程标准施工监理 招标资格预审文件

（2018 年版）

交通运输部公告 2018 年第 25 号
自 2018 年 5 月 1 日起施行

人民交通出版社股份有限公司
China Communications Press Co.,Ltd.

律师声明

本书所有文字、数据、图像、版式设计、插图等均受中华人民共和国宪法和著作权法保护。未经人民交通出版社股份有限公司同意，任何单位、组织、个人不得以任何方式对本作品进行全部或局部的复制、转载、出版或变相出版。

任何侵犯本书权益的行为，人民交通出版社股份有限公司将依法追究其法律责任。

有奖举报电话：(010)85285150

北京市星河律师事务所
2017年10月31日

图书在版编目(CIP)数据

公路工程标准施工监理招标资格预审文件：2018年版／中华人民共和国交通运输部组织编写. — 北京：人民交通出版社股份有限公司，2018.3

ISBN 978-7-114-14587-2

Ⅰ.①公… Ⅱ.①中… Ⅲ.①道路施工—施工监理—招标—文件—中国 Ⅳ.①U415.1

中国版本图书馆 CIP 数据核字(2018)第 049679 号

Gonglu Gongcheng Biaozhun Shigong Jianli Zhaobiao Zige Yushen Wenjian

书　　名	公路工程标准施工监理招标资格预审文件(2018年版)
著 作 者	中华人民共和国交通运输部
责任编辑	吴有铭　刘永超　黎小东
出版发行	人民交通出版社股份有限公司发行部
地　　址	(100011)北京市朝阳区安定门外外馆斜街3号
网　　址	http://www.ccpress.com.cn
销售电话	(010)59757973
总 经 销	人民交通出版社股份有限公司发行部
经　　销	各地新华书店
印　　刷	北京市密东印刷有限公司
开　　本	880×1230　1/16
印　　张	5
字　　数	90千
版　　次	2018年3月　第1版
印　　次	2018年4月　第2次印刷
书　　号	ISBN 978-7-114-14587-2
定　　价	40.00元

(有印刷、装订质量问题的图书，由本公司负责调换)

中华人民共和国交通运输部

公 告

第 25 号

交通运输部关于发布公路工程标准施工监理招标文件及公路工程标准施工监理招标资格预审文件 2018 年版的公告

为加强公路工程施工监理招标管理,规范招标文件及资格预审文件编制工作,依照《中华人民共和国招标投标法》《中华人民共和国招标投标法实施条例》等法律法规,按照《公路工程建设项目招标投标管理办法》(交通运输部令 2015 年第 24 号),在国家发展改革委牵头编制的《标准监理招标文件》(以下简称《标准文件》)基础上,结合公路工程施工监理招标特点和管理需要,交通运输部组织制定了《公路工程标准施工监理招标文件》(2018 年版)及《公路工程标准施工监理招标资格预审文件》(2018 年版)(以下简称《公路工程标准文件》),现予发布。

《公路工程标准文件》(2018 年版)自 2018 年 5 月 1 日起施行,《公路工程施工监理招标文件范本》(2008 年版)同时废止,之前根据《公路工程施工监理招标文件范本》(2008 年版)完成招标工作的项目仍按原合同执行。

自施行之日起,依法必须进行招标的公路工程应当使用《公路工程标准文件》(2018 年版),其他公路项目可参照执行。在具体项目招标过程中,招标人可根据项目实际情况,编制项目专用文件,与《公路工程标准文件》(2018 年版)共同使用,但不得违反国家有关规定。

《公路工程标准文件》(2018年版)中"投标人须知""评标办法"和"通用合同条款"等部分,与《标准文件》内容相同的只保留条目号,具体内容见《标准文件》。《公路工程标准文件》电子文本可在交通运输部网站(www.mot.gov.cn)"下载中心"下载。

请各省级交通运输主管部门加强对《公路工程标准文件》(2018年版)贯彻落实情况的监督检查,注意收集有关意见和建议,并及时反馈部公路局。

中华人民共和国交通运输部

2018年2月14日

交通运输部办公厅	2018年2月22日印发

《公路工程标准施工监理招标资格预审文件》
（2018 年版）

审定委员会

主任委员：吴德金

副主任委员：杨 洁　王 太　陶汉祥　张建军　裴岷山

委　　员：赵成峰　顾志峰　郭 胜　石国虎　张竹彬　王松波　高会晋
　　　　　　王海臣　高新文

编写人员

主　　编：石国虎　王 太　陶汉祥　张建军　赵成峰　彭耀军　高会晋

编写人员：王海臣　徐致远　王恒斌　艾四芽　李培源　刘建涛　李 悦
　　　　　　张 磊　马召辉　程 刚　高德风　程 磊　袁 静　王 林
　　　　　　张雄胜　阮明华　贺晓东　陈文光　刘 涛　邓 磊　李博闻
　　　　　　兰立松　李忠利

使 用 说 明

一、为加强公路工程施工监理招标管理，规范资格预审文件编制工作，交通运输部公路局会同国家发展改革委法规司，组织华杰工程咨询有限公司和国内专家编制并经审定形成了《公路工程标准施工监理招标资格预审文件》(2018年版)(以下简称《公路工程标准资格预审文件》)。

二、《公路工程标准资格预审文件》以国家九部委《标准监理招标文件》(2017年版)为参考，以《中华人民共和国招标投标法》、《中华人民共和国招标投标法实施条例》、《公路工程建设项目招标投标管理办法》(交通运输部令2015年第24号)等法律法规和部门规章为依据，结合公路工程施工监理招标特点和管理需要编制而成。

三、《公路工程标准资格预审文件》适用于依法必须进行招标的各等级公路和桥梁、隧道建设项目，其他公路项目可参照执行。

四、招标人根据《公路工程标准资格预审文件》编制项目资格预审文件时，不得修改"申请人须知"正文和"资格审查办法"正文，但可在前附表中对"申请人须知"和"资格审查办法"进行补充、细化，补充和细化的内容不得与"申请人须知"和"资格审查办法"正文内容相抵触。

五、《公路工程标准资格预审文件》用相同序号标示的章、节、条、款、项、目，供招标人选择使用；以空格标示的部分，招标人应根据招标项目具体特点和实际需要进行填写，确实没有需要填写的，在空格中用"/"标示。

六、招标人按照《公路工程标准资格预审文件》第一章"资格预审公告"的格式发布资格预审公告后，将实际发布的资格预审公告编入出售的资格预审文件中，作为资格预审文件的组成部分。资格预审公告应同时注明发布的所有媒介名称。

七、《公路工程标准资格预审文件》第三章"资格审查办法"分别规定合格制和有限数量制两种资格审查方法，招标人原则上采用合格制。

第三章"资格审查办法"前附表应列明全部审查因素和审查标准，并在本章（前附表及正文）标明申请人不满足要求即不能通过资格预审的全部条款。

招标人选择适用有限数量制的，在满足第三章"资格审查办法"相关注释的前提下，各审查因素的评审标准和分值等由招标人根据项目特点和需要合理确定。

八、采用电子招标投标的，招标人应按照国家有关规定，结合项目具体情况和交易平台操作特点，在资格预审文件中载明相应要求。其中，资格预审文件的获取、澄清、修改、异议，资格预审申请文件的制作、加密、递交，资格审查、结果通知等条款可参考附录"采用电子招标投标条款示例"对《公路工程标准资格预审文件》的相应条款进行调整。

九、各使用单位或个人对《公路工程标准资格预审文件》的修改意见和建议，请及时反馈交通运输部。

_____省（自治区、直辖市）

_____（项目名称）_____标段施工监理招标

（招标编号：_____）

资格预审文件

招标人：_____（盖单位章）

招标代理机构：_____（盖单位章）

_____ 年 ____ 月 ____ 日

目 录

第一章 资格预审公告 3
1. 招标条件 3
2. 项目概况与招标范围 3
3. 申请人资格要求 3
4. 资格预审方法 4
5. 资格预审文件的获取 4
6. 资格预审申请文件的递交 4
7. 发布公告的媒介 5
8. 联系方式 5

第二章 申请人须知 9
申请人须知前附表 9
1. 总则 17
   1.1 项目概况 17
   1.2 招标项目的资金来源和落实情况 17
   1.3 招标范围、监理服务期限、质量要求和安全目标 17
   1.4 申请人资格要求 17
   1.5 语言文字 19
   1.6 费用承担 19
2. 资格预审文件 19
   2.1 资格预审文件的组成 19
   2.2 资格预审文件的澄清 19
   2.3 资格预审文件的修改 19
   2.4 资格预审文件的异议 20
3. 资格预审申请文件的编制 20
   3.1 资格预审申请文件的组成 20
   3.2 资格预审申请文件的编制要求 20
   3.3 资格预审申请文件的装订、签字 22
4. 资格预审申请文件的递交 23
   4.1 资格预审申请文件的密封和标识 23
   4.2 资格预审申请文件的递交 23
5. 资格预审申请文件的审查 23

- 5.1 审查委员会 ·· 23
- 5.2 资格审查 ·· 23
- 6. 通知和确认 ··· 24
  - 6.1 通知 ·· 24
  - 6.2 资格预审结果的异议 ··· 24
  - 6.3 确认 ·· 24
- 7. 申请人的资格改变 ··· 24
- 8. 纪律与监督 ··· 24
  - 8.1 严禁贿赂 ·· 24
  - 8.2 不得干扰资格审查工作 ··· 24
  - 8.3 保密 ·· 25
  - 8.4 投诉 ·· 25
- 9. 是否采用电子招标投标 ··· 25
- 10. 需要补充的其他内容 ··· 25
  - 10.1 申请规定 ·· 25
  - 10.2 资格预审申请文件的修改 ··· 25
  - 10.3 招标人的权力 ·· 26

第三章 资格审查办法(合格制) ·· 29
- 资格审查办法前附表 ··· 29
- 1. 审查方法 ··· 31
- 2. 审查标准 ··· 31
  - 2.1 初步审查标准 ·· 31
  - 2.2 详细审查标准 ·· 31
- 3. 审查程序 ··· 31
  - 3.1 初步审查 ·· 31
  - 3.2 详细审查 ·· 31
  - 3.3 资格预审申请文件的澄清 ··· 31
  - 3.4 不得否决资格预审申请文件的情形 ······························· 32
- 4. 审查结果 ··· 32
  - 4.1 提交审查报告 ·· 32
  - 4.2 重新进行资格预审或招标 ··· 32

第三章 资格审查办法(有限数量制) ··· 33
- 资格审查办法前附表 ··· 33
- 1. 审查方法 ··· 36
- 2. 审查标准 ··· 36
  - 2.1 初步审查标准 ·· 36

- 2.2 详细审查标准 ········· 36
- 2.3 评分标准 ········· 36
- 3. 审查程序 ········· 36
  - 3.1 初步审查 ········· 36
  - 3.2 详细审查 ········· 36
  - 3.3 资格预审申请文件的澄清 ········· 37
  - 3.4 评分 ········· 37
  - 3.5 不得否决资格预审申请文件的情形 ········· 37
- 4. 审查结果 ········· 37
  - 4.1 提交审查报告 ········· 37
  - 4.2 重新进行资格预审或招标 ········· 37

第四章 资格预审申请文件格式 ········· 39
  - 目录 ········· 43
  - 一、资格预审申请函 ········· 45
  - 二、授权委托书或法定代表人身份证明 ········· 46
  - 三、联合体协议书 ········· 48
  - 四、申请人基本情况 ········· 49
  - 五、近年完成的类似项目情况表 ········· 51
  - 六、申请人的信誉情况表 ········· 52
  - 七、拟委任的总监理工程师或驻地监理工程师资历表 ········· 53
  - 八、拟委任的其他主要监理人员情况表 ········· 54
  - 九、其他资料 ········· 56

第五章 项目建设概况 ········· 59

附录 采用电子招标投标条款示例 ········· 60

第一章　资格预审公告

第一章 资格预审公告①

_____（项目名称）_____标段施工监理招标

资格预审公告②

1. 招标条件

本招标项目_____（项目名称）已由_____（项目审批、核准或备案机关名称）以_____（批文名称及编号）批准建设,初步设计已由_____（批准机关名称）以_____（批文名称及编号）批准,项目业主为_____,建设资金来自_____（资金来源）,出资比例为_____,招标人为_____。项目已具备招标条件,现进行公开招标,特邀请有兴趣的潜在投标人（以下简称申请人）提出资格预审申请。

2. 项目概况与招标范围

_____（说明本次招标项目的建设地点、规模、监理服务期限、招标范围、标段划分等）。

3. 申请人资格要求

3.1 本次资格预审要求申请人须具备_____资质、_____业绩,并在人员等方面具有相应的施工监理能力。

申请人应进入交通运输部"全国公路建设市场信用信息管理系统（http://glxy.mot.gov.cn）"中的公路工程施工监理资质企业名录,且申请人名称和资质与该名录中的相应企业名称和资质完全一致。③

3.2 本次资格预审_____（接受或不接受）联合体资格预审申请。联合体

---

① 招标人可根据项目具体特点和实际需要对本章内容进行补充、细化,但应遵守《中华人民共和国招标投标法》第十六条和《招标公告和公示信息发布管理办法》等有关法律法规的规定。
② 招标人应自资格预审文件开始发售之日起,将资格预审文件的关键内容上传至具有招标监督职责的交通运输主管部门政府网站或其指定的其他网站上进行公开,公开内容包括项目概况、对申请人的全部资格条件要求、资格审查办法全文、招标人联系方式等。招标人可将资格预审文件的关键内容全部载明在资格预审公告正文中,或作为资格预审公告的附件进行公开,或作为独立文件在网站上进行公开。
③ 本段规定仅适用于根据《关于发布公路工程从业企业资质名录的通知》（厅公路字〔2011〕114号）要求,招标人应通过名录对申请人资质条件进行审核的公路施工监理企业。

申请资格预审的,应满足下列要求:_____。

  3.3 每个申请人最多可对____(具体数量)个标段提出资格预审申请;被____交通运输主管部门评为____信用等级的申请人,最多可对____(具体数量)个标段提出资格预审申请。[①] 每个申请人允许中____个标。对申请人信用等级的认定条件为:_____。

  3.4 与招标人存在利害关系可能影响招标公正性的单位,不得提出资格预审申请。单位负责人为同一人或存在控股、管理关系的不同单位,对同一标段提出资格预审申请的,最多只能有一家单位通过资格预审。

  3.5 在"信用中国"网站(http://www.creditchina.gov.cn/)中被列入失信被执行人名单的申请人,不能通过资格预审。

4. 资格预审方法

  本次资格预审采用_____(合格制/有限数量制)。

5. 资格预审文件的获取

  5.1 请申请人于____年____月____日至____年____月____日[②]每日上午____时____分至____时____分,下午____时____分至____时____分(北京时间,下同),在_____(详细地址)持单位介绍信和经办人身份证购买资格预审文件。参加多个标段资格预审的申请人必须分别购买相应标段的资格预审文件,并对每个标段单独递交资格预审申请文件。

  5.2 资格预审文件每套售价_____元[③],售后不退。[④]

6. 资格预审申请文件的递交

  6.1 递交资格预审申请文件截止时间(申请截止时间,下同)为____年____月____日____时____分[⑤],申请人应于当日____时____分至____时____分将资格预审申请文件递交至_____(详细地址)。

  6.2 逾期送达的、未送达指定地点的或不按照资格预审文件要求密封的资格预审申请文件,招标人将予以拒收。

---

  ① 招标人可根据招标项目所在地省级交通运输主管部门的有关规定,对信用等级高的申请人给予一定的奖励,例如,增加参与投标的标段数量、减免投标保证金、减少履约保证金、质量保证金等优惠措施。
  ② 资格预审文件的发售时间不得少于5日。
  ③ 资格预审文件中提到的货币单位除有特别说明外,均指人民币元。
  ④ 每套资格预审文件售价只计工本费,最高不超过1000元。
  ⑤ 依法必须进行招标的公路工程,自资格预审文件停止发售之日起至申请人递交资格预审申请文件截止之日止,不得少于5日。

7. 发布公告的媒介

本次资格预审公告同时在_____（发布公告的媒介名称）上发布。

8. 联系方式

招 标 人：_____	招标代理机构：_____
地　　址：_____	地　　址：_____
邮政编码：_____	邮政编码：_____
联 系 人：_____	联 系 人：_____
电　　话：_____	电　　话：_____
传　　真：_____	传　　真：_____
电子邮件：_____	电子邮件：_____
网　　址：_____	网　　址：_____
开户银行：_____	开户银行：_____
账　　号：_____	账　　号：_____

_____年___月___日

第二章 申请人须知

第二章　申请人须知

申请人须知前附表[①]

条款号	条款名称	编列内容
1.1.2	招标人	名　称： 地　址： 联系人： 电　话：
1.1.3	招标代理机构	名　称： 地　址： 联系人： 电　话：
1.1.4	招标项目名称	
1.1.5	标段建设地点	
1.1.6	标段建设规模	
1.1.7	招标项目施工预计开工日期和建设周期	
1.1.8	建筑安装工程费/工程概算投资额	
1.2.1	资金来源及比例	
1.2.2	资金落实情况	
1.3.1	招标范围	□总监理工程师办公室 □驻地监理工程师办公室 □其他：_____
1.3.2	监理服务期限	监理服务期：____日历天 其中： 　施工期（含施工准备期）：____日历天 　缺陷责任期：____日历天
1.3.3	质量要求[②]	
1.3.4	安全目标[③]	

[①] a."申请人须知前附表"用于进一步明确正文中的未尽事宜，由招标人根据招标项目具体特点和实际需要编制和填写，且应与资格预审文件中其他章节相衔接，并不得与本章正文内容相抵触。
　　b."申请人须知前附表"中的附录表格同属"申请人须知前附表"内容，具有同等效力。
[②] 招标人应根据招标项目具体特点和实际需要，对工程施工监理服务质量提出目标要求。
[③] 招标人应根据招标项目具体特点和实际需要，对工程施工监理过程中的人员安全提出目标要求。

续上表

条款号	条款名称	编列内容
1.4.1	申请人资质条件、能力和信誉	资质要求:见附录1 业绩要求:见附录2 信誉要求:见附录3 总监理工程师或驻地监理工程师资格:见附录4 其他要求:①
1.4.2	是否接受联合体资格预审申请	□不接受 □接受,应满足下列要求: (1)联合体所有成员数量不得超过____家; (2)联合体牵头人应具有_____资质; ……
1.4.3	申请人不得存在的其他关联情形	
1.4.4	申请人不得存在的其他不良状况或不良信用记录	
2.2.1	申请人要求澄清资格预审文件	时间:____年___月___日___时___分 形式:
2.2.2	资格预审文件澄清发出的形式	
2.2.3	申请人确认收到资格预审文件澄清	时间:收到澄清后____小时内(以发出时间为准) 形式:
2.3.1	资格预审文件修改发出的形式	
2.3.2	申请人确认收到资格预审文件修改	时间:收到修改后____小时内(以发出时间为准) 形式:
3.1.1	构成资格预审申请文件的其他资料	
3.2.4	近年完成的类似项目情况的时间要求	____年___月___日至____年___月___日
3.3.2	资格预审申请文件副本份数及其他要求	资格预审申请文件副本份数: 是否要求提交电子版文件: 其他要求:
3.3.3	装订的其他要求	

---

① 对于特别复杂的特大桥梁和特长隧道项目主体工程以及其他有特殊要求的工程,招标人还可增加附录5对申请人的其他主要监理人员提出要求。

第二章 申请人须知

续上表

条款号	条款名称	编列内容
4.1.2	封套上写明	招标人名称：_____ 招标人地址：_____ _____（项目名称）_____标段施工监理招标资格预审申请文件 在____年___月___日____时____分前不得开启 申请人名称：_____
4.2.3	是否退还资格预审申请文件	☐否 ☐是，退还时间：
5.1.2	审查委员会的组建①	审查委员会构成：____人，其中招标人代表____人，专家____人； 专家确定方式：依法从相应评标专家库中随机抽取
5.2	资格审查方法	☐合格制 ☐有限数量制
6.1	资格预审结果的通知时间	
6.3	资格预审结果的确认时间	收到投标邀请书后____小时内（以发出时间为准）予以确认
8.4.1	监督部门	监督部门：_____ 地　　址：_____ 电　　话：_____ 传　　真：_____ 邮政编码：_____
9	是否采用电子招标投标	☐否 ☐是，具体要求：
10.1.1	申请人申请资格	每个申请人最多可对本项目的____个标段提出资格预审申请；被____交通运输主管部门评为____信用等级的申请人最多可对本项目的____个标段提出资格预审申请。②每个申请人允许中____个标。 对申请人信用等级的认定条件为：_____
需要补充的其他内容		

---

① 国有资金占控股或主导地位的依法必须进行招标的项目，审查委员会应由招标人代表和有关方面的专家组成，人数为5人以上单数，其中技术、经济专家人数应不少于成员总数的三分之二。

② 如果每个申请人只允许中一个标，则同一个申请人在不同标段资格预审申请文件中提供的总监理工程师（以及备选人）或驻地监理工程师（以及备选人）在满足资格要求的基础上可以重复。

附录1 资格预审条件(资质最低要求)[①]

监理企业资质等级要求

[①] 具体资质要求由招标人在满足国家相关法律法规前提下,根据招标项目具体特点和实际情况确定。

附录2 资格预审条件(业绩最低要求)[①]

业 绩 要 求

[①] 具体业绩要求由招标人在满足国家相关法律法规前提下,根据招标项目具体特点和实际情况确定,但不得设置过高的业绩资格条件。

附录3 资格预审条件(信誉最低要求)[1]

信 誉 要 求

---

[1] 具体信誉要求由招标人在满足国家相关法律法规前提下,根据招标项目具体特点和实际情况确定,但不得与"申请人须知"第1.4.4项规定的内容重复。

附录4 资格预审条件（总监理工程师或驻地监理工程师最低要求）[①]

人　　员	数　　量	资格要求	在岗要求
总监理工程师			
总监理工程师备选人			无在岗项目（指目前未在其他项目上任职，或虽在其他项目上任职但本项目中标后能够从该项目撤离）
驻地监理工程师			
驻地监理工程师备选人			

---

① a. 对总监理工程师（以及备选人）或驻地监理工程师（以及备选人）的具体资格要求，由招标人在满足国家相关法律法规前提下，根据招标项目具体特点和实际情况确定，但不得设置过高的资格条件。
　b. 招标人可不设置总监理工程师备选人或驻地监理工程师备选人。

附录5 资格预审条件(其他主要监理人员最低要求)①

人　　员	数　　量	资　格　要　求

---

① 本表仅适用于特别复杂的特大桥梁和特长隧道项目主体工程以及其他有特殊要求的工程。对其他主要监理人员的岗位、数量及资格条件要求,由招标人在满足国家相关法律法规和《公路工程施工监理规范》前提下,根据招标项目具体特点和实际情况确定,但不得设置过高的人员数量和资格条件。

第二章 申请人须知

1. 总则

1.1 项目概况

1.1.1 根据《中华人民共和国招标投标法》《中华人民共和国招标投标法实施条例》《公路工程建设项目招标投标管理办法》等有关法律、法规和规章的规定,本招标项目已具备招标条件,现进行公开招标,特邀请有兴趣承担本标段的申请人提出资格预审申请。

1.1.2 本招标项目招标人:见申请人须知前附表。

1.1.3 本标段招标代理机构:见申请人须知前附表。

1.1.4 本招标项目名称:见申请人须知前附表。

1.1.5 本标段建设地点:见申请人须知前附表。

1.1.6 本标段建设规模:见申请人须知前附表。

1.1.7 招标项目施工预计开工日期和建设周期:见申请人须知前附表。

1.1.8 建筑安装工程费/工程概算投资额:见申请人须知前附表。

1.2 招标项目的资金来源和落实情况

1.2.1 资金来源及比例:见申请人须知前附表。

1.2.2 资金落实情况:见申请人须知前附表。

1.3 招标范围、监理服务期限、质量要求和安全目标

1.3.1 招标范围:见申请人须知前附表。

1.3.2 本标段的监理服务期限:见申请人须知前附表。

1.3.3 本标段的质量要求:见申请人须知前附表。

1.3.4 本标段的安全目标:见申请人须知前附表。

1.4 申请人资格要求

1.4.1 申请人应具备承担本标段施工监理的资质条件、能力和信誉。

(1)资质要求:见申请人须知前附表;

(2)业绩要求:见申请人须知前附表;

(3)信誉要求:见申请人须知前附表;

(4)总监理工程师或驻地监理工程师资格:见申请人须知前附表;

(5)其他要求:见申请人须知前附表。

需要提交的相关证明材料见本章第3.2款的规定。

1.4.2 申请人须知前附表规定接受联合体申请资格预审的,联合体申请人除应符合本章第1.4.1项和申请人须知前附表的要求外,还应遵守以下规定:

(1)联合体各方必须按资格预审文件提供的格式签订联合体协议书,明确联合体牵

头人和各方的权利义务,并承诺就中标项目向招标人承担连带责任;

(2)由同一专业的单位组成的联合体,按照资质等级较低的单位确定资质等级;

(3)通过资格预审的联合体,其各方组成结构或职责以及信誉情况等资格条件不得改变;

(4)联合体各方不得再以自己名义单独或加入其他联合体在同一标段中参加资格预审;

(5)联合体各方应分别按照本资格预审文件的要求,填写资格预审申请文件中的相应表格,并由联合体牵头人负责对联合体各成员的资料进行统一汇总后一并提交给招标人;联合体牵头人所提交的资格预审申请文件应认为已代表了联合体各成员的真实情况;

(6)尽管委任了联合体牵头人,但联合体各成员在资格预审、投标、签订合同与履行合同过程中,仍负有连带的和各自的法律责任。

1.4.3 申请人(包括联合体各成员)不得与本标段相关单位存在下列关联情形:

(1)为招标人不具有独立法人资格的附属机构(单位);

(2)与招标人存在利害关系且可能影响招标公正性;

(3)为本标段的代建人;

(4)为本标段的招标代理机构;

(5)与本标段的代建人或招标代理机构同为一个法定代表人;

(6)与本标段的代建人或招标代理机构存在控股或参股关系;

(7)与本标段对应工程的施工承包人以及建筑材料、建筑构配件和设备供应商有隶属关系或其他利害关系;

(8)法律法规或申请人须知前附表规定的其他情形。

1.4.4 申请人(包括联合体各成员)不得存在下列不良状况或不良信用记录:

(1)被省级及以上交通运输主管部门取消招标项目所在地的投标资格且处于有效期内;

(2)被责令停业,暂扣或吊销执照,或吊销资质证书;

(3)进入清算程序,或被宣告破产,或其他丧失履约能力的情形;

(4)在国家企业信用信息公示系统(http://www.gsxt.gov.cn/)中被列入严重违法失信企业名单;

(5)在"信用中国"网站(http://www.creditchina.gov.cn/)中被列入失信被执行人名单;

(6)申请人或其法定代表人、拟委任的总监理工程师或驻地监理工程师在近三年内有行贿犯罪行为的(行贿犯罪行为的认定以检察机关职务犯罪预防部门出具的查询结果为准);

(7)法律法规或申请人须知前附表规定的其他情形。

1.4.5 申请人(包括联合体各成员)应进入交通运输部"全国公路建设市场信用信息管理系统(http://glxy.mot.gov.cn)"中的公路工程施工监理资质企业名录,且申请人名称和资质与该名录中的相应企业名称和资质完全一致。申请人不满足本项规定条件的,不能通过资格预审。①

1.4.6 单位负责人为同一人或存在控股、管理关系的不同单位,对同一标段提出资格预审申请的,最多只能有一家单位通过资格预审。

1.5 语言文字

来往文件使用的语言文字为中文。专用术语使用外文的,应附有中文注释。

1.6 费用承担

申请人准备和参加资格预审发生的费用自理。

2. 资格预审文件

2.1 资格预审文件的组成

2.1.1 本次资格预审文件包括资格预审公告、申请人须知、资格审查办法、资格预审申请文件格式、项目建设概况,以及根据本章第2.2款对资格预审文件的澄清和第2.3款对资格预审文件的修改。

2.1.2 当资格预审文件、资格预审文件的澄清或修改等在同一内容的表述上不一致时,以最后发出的书面文件为准。

2.2 资格预审文件的澄清

2.2.1 申请人应仔细阅读和检查资格预审文件的全部内容。如发现缺页或内容不全,应及时向招标人提出,以便补齐。如有疑问,应按申请人须知前附表规定的时间和形式将提出的问题送达招标人,要求招标人对资格预审文件予以澄清。

2.2.2 资格预审文件的澄清以申请人须知前附表规定的形式发给所有购买资格预审文件的申请人,但不指明澄清问题的来源。澄清发出的时间距本章第4.2.1项规定的提交资格预审申请文件截止时间不足3日,且澄清内容可能影响资格预审申请文件编制的,将相应延长提交资格预审申请文件的截止时间。

2.2.3 申请人在收到澄清后,应按申请人须知前附表规定的时间和形式通知招标人,确认已收到该澄清。

2.2.4 除非招标人认为确有必要答复,否则,招标人有权拒绝回复申请人在本章第2.2.1项规定的时间后提出的任何澄清要求。

2.3 资格预审文件的修改

2.3.1 招标人以申请人须知前附表规定的形式修改资格预审文件,并通知所有已

---

① 本项规定仅适用于根据《关于发布公路工程从业企业资质名录的通知》(厅公路字〔2011〕114号)要求,招标人应通过名录对申请人资质条件进行审核的公路施工监理企业。

购买资格预审文件的申请人。修改资格预审文件的时间距本章第4.2.1项规定的提交资格预审申请文件截止时间不足3日,且修改内容可能影响资格预审申请文件编制的,将相应延长提交资格预审申请文件的截止时间。

2.3.2 申请人收到修改内容后,应按申请人须知前附表规定的时间和形式通知招标人,确认已收到该修改。

2.4 资格预审文件的异议

申请人或其他利害关系人对资格预审文件有异议的,应在提交资格预审申请文件截止时间2日前以书面形式提出。招标人将在收到异议之日起3日内作出答复;作出答复前,将暂停招标投标活动。

3. 资格预审申请文件的编制

3.1 资格预审申请文件的组成

3.1.1 资格预审申请文件应包括下列内容:
(1)资格预审申请函;
(2)授权委托书或法定代表人身份证明;
(3)联合体协议书;
(4)申请人基本情况;
(5)近年完成的类似项目情况表;
(6)申请人的信誉情况表;
(7)拟委任的总监理工程师或驻地监理工程师资历表;
(8)其他资料:见申请人须知前附表。

3.1.2 申请人须知前附表规定不接受联合体资格预审申请的或申请人没有组成联合体的,资格预审申请文件不包括本章第3.1.1(3)目所指的联合体协议书。

3.2 资格预审申请文件的编制要求

3.2.1 资格预审申请文件应按第四章"资格预审申请文件格式"进行编写,如有必要,可以增加附页,并作为资格预审申请文件的组成部分。申请人须知前附表规定接受联合体资格预审申请的,本章第3.2.3项至第3.2.7项规定的表格和资料应包括联合体各方相关情况。

3.2.2 如果资格预审申请文件由委托代理人签署,则申请人须提交授权委托书,授权委托书应按第四章"资格预审申请文件格式"的要求出具,并由法定代表人和委托代理人亲笔签名,不得使用印章、签名章或其他电子制版签名代替。

如果由申请人的法定代表人亲自签署资格预审申请文件,则申请人须提交法定代表人身份证明,身份证明应符合第四章"资格预审申请文件格式"的要求。

以联合体形式申请资格预审的,法定代表人授权委托书或法定代表人身份证明须由联合体牵头人按上述规定出具。

3.2.3 "申请人基本情况表"应附企业法人营业执照副本和组织机构代码证副本(按照"三证合一"或"五证合一"登记制度进行登记的,可仅提供营业执照副本,下同)、监理资质证书副本、基本账户开户许可证的复印件[①],申请人在交通运输部"全国公路建设市场信用信息管理系统"公路工程施工监理资质企业名录中的网页截图复印件,以及申请人在国家企业信用信息公示系统中基础信息(体现股东及出资详细信息)的网页截图或由法定的社会验资机构出具的验资报告或注册地工商部门出具的股东出资情况证明复印件。

企业法人营业执照副本和组织机构代码证副本、监理资质证书副本、基本账户开户许可证的复印件应提供全本(证书封面、封底、空白页除外),应包括申请人名称、申请人其他相关信息、颁发机构名称、申请人信息变更情况等关键页在内,并逐页加盖申请人单位章。

3.2.4 "近年完成的类似项目"应是已列入交通运输主管部门"公路建设市场信用信息管理系统"并公开的业绩,具体时间要求见申请人须知前附表。

"近年完成的类似项目情况表"应附在交通运输部"全国公路建设市场信用信息管理系统"(网址:http://glxy.mot.gov.cn/BM/)[②]中查询到的企业"业绩信息"相关项目网页截图复印件。在交通运输部"全国公路建设市场信用信息管理系统"中无法查询,但可在省级交通运输主管部门"公路建设市场信用信息管理系统"中查询的,应附省级交通运输主管部门"公路建设市场信用信息管理系统"中查询到的网页截图复印件并注明查询路径。除网页截图复印件外,申请人无须再提供任何业绩证明材料。

如申请人未提供相关项目网页截图复印件或相关项目网页截图中的信息无法证实申请人满足资格预审文件规定的资格预审条件(业绩最低要求),则该项目业绩不予认定。

3.2.5 "申请人的信誉情况表"应附申请人在国家企业信用信息公示系统中未被列入严重违法失信企业名单、在"信用中国"网站中未被列入失信被执行人名单的网页截图复印件,以及由项目所在地或申请人住所地检察机关职务犯罪预防部门出具的近三年内申请人及其法定代表人、拟委任的总监理工程师或驻地监理工程师均无行贿犯罪行为的查询记录证明原件。

3.2.6 "拟委任的总监理工程师或驻地监理工程师资历表"应附总监理工程师(以及备选人)或驻地监理工程师(以及备选人)的身份证、职称资格证书和资格预审条件所要求的其他相关证书(如公路工程监理工程师证书等)的复印件,以及申请人所属社保

[①] 资格预审文件中要求申请人提供的各类证照复印件均指彩色扫描件或彩色复印件,其他资料的复印件可为黑白扫描件或黑白复印件。

[②] 由于交通运输部"全国公路建设市场信用信息管理系统"正在调试,监理单位业绩、监理单位主要人员业绩及其他相关信息暂时在交通运输部"公路水运建设质量与安全监督系统"(http://111.205.85.34:8070/rwqss/index.html)中查询。

机构出具的拟委任的总监理工程师(以及备选人)或驻地监理工程师(以及备选人)的社保缴费证明或其他能够证明拟委任的总监理工程师(以及备选人)或驻地监理工程师(以及备选人)参加社保的有效证明材料复印件。

"拟委任的总监理工程师或驻地监理工程师资历表"还应附交通运输部"全国公路建设市场信用信息管理系统"中载明的、能够证明总监理工程师(以及备选人)或驻地监理工程师(以及备选人)具有相关业绩的网页截图复印件。在交通运输部"全国公路建设市场信用信息管理系统"中无法查询，但可在省级交通运输主管部门"公路建设市场信用信息管理系统"中查询的，应附省级交通运输主管部门"公路建设市场信用信息管理系统"中查询到的网页截图复印件并注明查询路径。除网页截图复印件外，申请人无须再提供任何业绩证明材料。如申请人未提供相关业绩网页截图复印件或相关业绩网页截图中的信息无法证实申请人满足资格预审文件规定的资格预审条件(总监理工程师或驻地监理工程师最低要求)，则该业绩不予认定。

如总监理工程师(以及备选人)或驻地监理工程师(以及备选人)目前仍在其他项目上任职，则申请人应提供由该项目委托人出具的、承诺上述人员能够从该项目撤离的书面证明材料原件。

3.2.7 "拟委任的其他主要监理人员汇总表"(如有)应填报满足申请人须知前附表附录5规定的其他主要监理人员的相关信息。"拟委任的其他主要监理人员资历表"(如有)中相关人员应附身份证、职称资格证书和资格预审条件所要求的其他相关证书(如公路工程监理工程师证书等)的复印件，相关业绩证明材料复印件，以及申请人所属社保机构出具的社保缴费证明或其他能够证明其参加社保的有效证明材料复印件。

3.2.8 申请人在资格预审申请文件中填报的资质、业绩、主要人员资历和目前在岗情况、信用等级等信息，应与其在交通运输主管部门"公路建设市场信用信息管理系统"上填报并发布的相关信息一致。申请人应根据本单位实际情况及时完成相关信息的申报、录入和动态更新，并对相关信息的真实性、完整性和准确性负责。

3.3 资格预审申请文件的装订、签字

3.3.1 申请人应按本章第3.1款和第3.2款的要求，编制完整的资格预审申请文件，用不褪色的材料书写或打印。资格预审申请文件格式中明确要求申请人法定代表人或其委托代理人签字之处，必须由相关人员亲笔签名，不得使用印章、签名章或其他电子制版签名代替；明确要求申请人加盖单位章之处，必须加盖单位章。其中资格预审申请函及对资格预审申请文件的澄清和说明应加盖申请人单位章，或由申请人的法定代表人或其委托代理人签字。

以联合体形式申请资格预审的，资格预审申请文件由联合体牵头人的法定代表人或其委托代理人按上述规定签署并加盖联合体牵头人单位章。

资格预审申请文件中的任何改动之处应加盖申请人单位章，或由申请人的法定代表人或其委托代理人签字确认。

3.3.2 资格预审申请文件正本一份,副本份数见申请人须知前附表。正本和副本的封面右上角上应清楚地标记"正本"或"副本"字样。申请人应根据申请人须知前附表要求提供电子版文件。当副本和正本不一致或电子版文件和纸质正本文件不一致时,以纸质正本文件为准。

3.3.3 资格预审申请文件的正本与副本应分别装订成册(A4纸幅),编制目录并逐页标注连续页码。资格预审申请文件不得采用活页夹装订,否则,招标人对由于资格预审申请文件装订松散而造成的丢失或其他后果不承担任何责任。装订的其他要求见申请人须知前附表。

4. 资格预审申请文件的递交

4.1 资格预审申请文件的密封和标识

4.1.1 资格预审申请文件的正本、副本及其电子版文件(如需要)应统一密封在一个封套中。封套应加贴封条,并在封套的封口处加盖申请人单位章或由申请人的法定代表人或其委托代理人签字。

4.1.2 资格预审申请文件封套上应写明的内容见申请人须知前附表。

4.1.3 未按本章第4.1.1项要求密封的资格预审申请文件,招标人将予以拒收。

4.2 资格预审申请文件的递交

4.2.1 申请截止时间:见第一章"资格预审公告"第6条。

4.2.2 申请人递交资格预审申请文件的地点:见第一章"资格预审公告"第6条。

4.2.3 除申请人须知前附表另有规定外,申请人所递交的资格预审申请文件不予退还。

4.2.4 逾期送达或未送达指定地点的资格预审申请文件,招标人将予以拒收。

5. 资格预审申请文件的审查

5.1 审查委员会

5.1.1 资格预审申请文件由招标人组建的审查委员会负责审查。国有资金占控股或主导地位的依法必须进行招标的项目,审查委员会按照《中华人民共和国招标投标法》第三十七条规定组建。

5.1.2 审查委员会人数:见申请人须知前附表。

5.2 资格审查

审查委员会根据申请人须知前附表规定的方法和第三章"资格审查办法"中规定的审查标准,对所有已受理的资格预审申请文件进行审查。第三章"资格审查办法"没有规定的方法和标准不得作为审查依据。

6. 通知和确认

6.1 通知

招标人在申请人须知前附表规定的时间内,以书面形式将资格预审结果通知申请人,并向通过资格预审的申请人发出投标邀请书。

对于未通过资格预审的申请人,招标人应在资格预审结果通知书中告知其未通过的依据和原因。

6.2 资格预审结果的异议

申请人或利害关系人对资格预审审查结果有异议的,应在收到资格预审结果通知书后 3 日内提出。招标人将在收到异议之日起 3 日内作出答复;作出答复前,将暂停招标投标活动。

6.3 确认

通过资格预审的申请人收到投标邀请书后,应在申请人须知前附表规定的时间内以书面形式明确表示是否参加投标。在申请人须知前附表规定时间内未表示是否参加投标或明确表示不参加投标的,不得再参加投标。因此造成潜在投标人数量不足 3 个的,招标人重新组织资格预审或不再组织资格预审而直接招标[①]。

7. 申请人的资格改变

通过资格预审的申请人组织机构、财务能力、信誉情况等资格条件发生变化,使其不再实质上满足第三章"资格审查办法"规定标准的,其投标不被接受。

8. 纪律与监督

8.1 严禁贿赂

严禁申请人向招标人、审查委员会成员和与审查活动有关的其他工作人员行贿。在资格预审期间,不得邀请招标人、审查委员会成员以及与审查活动有关的其他工作人员到申请人单位参观考察,或出席申请人主办、赞助的任何活动。

8.2 不得干扰资格审查工作

申请人不得以任何方式干扰、影响资格预审的审查工作,否则将导致其不能通过资格预审。

---

① 直接招标是指直接采用资格后审方式招标,下同。

8.3 保密

招标人、审查委员会成员,以及与审查活动有关的其他工作人员应对资格预审申请文件的审查、比较进行保密,不得在资格预审结果公布前透露资格预审结果,不得向他人透露可能影响公平竞争的有关情况。

8.4 投诉

8.4.1 申请人或其他利害关系人认为本次资格预审活动不符合法律、行政法规规定的,可以自知道或应当知道之日起 10 日内向有关行政监督部门投诉。投诉应有明确的请求和必要的证明材料。

监督部门的联系方式见申请人须知前附表。

8.4.2 申请人或其他利害关系人对资格预审文件和资格预审审查结果提出投诉的,应按照本章第 2.4 款和第 6.2 款的规定先向招标人提出异议。异议答复期间不计算在第 8.4.1 项规定的期限内。

9. 是否采用电子招标投标

本次资格审查是否采用电子招标投标方式,见申请人须知前附表。

10. 需要补充的其他内容

10.1 申请规定

10.1.1 每个申请人可提出资格预审申请和允许中标的标段数,应符合申请人须知前附表的规定。

10.1.2 申请人在资格预审申请文件中作出的有关人员投入的承诺将作为施工监理合同文件的组成部分。除招标文件另有规定外,申请人在资格预审申请文件中填报的总监理工程师(以及备选人)或驻地监理工程师(以及备选人)不允许更换。

10.1.3 自购买资格预审文件之日起,申请人应保证其提供的联系方式(电话、传真、电子邮件)一直有效,以便及时收到招标人发出的函件(资格预审文件的澄清、修改等),并应及时向招标人反馈信息,否则招标人不承担由此引起的一切后果。

10.2 资格预审申请文件的修改

资格预审申请文件按要求送达后,在规定的递交截止时间前,申请人可以撤回申请文件或修改申请文件。如需修改申请文件,应以正式函件提出并作出说明。

修改资格预审申请文件的正式函件是资格预审申请文件的组成部分,其形式要求、密封方式、送达时间,应符合资格预审文件的要求。

10.3 招标人的权力

招标人有对资格预审申请文件进行核实和要求申请人进行澄清的权力,若招标人在资格审查时或必要的调查过程中发现申请人有弄虚作假行为,将取消其投标资格,并将其弄虚作假行为上报省级交通运输主管部门,作为不良记录纳入公路建设市场信用信息管理系统。

需要补充的其他内容:见申请人须知前附表。

第三章　资格审查办法

第三章 资格审查办法(合格制)

资格审查办法前附表[①]

条款号	审查因素与审查标准	
2.1	初步审查标准	(1)申请人名称与营业执照、组织机构代码证、监理资质证书一致; (2)资格预审申请文件按照资格预审文件规定的格式、内容填写,字迹清晰可辨; (3)资格预审申请文件签署、盖章情况符合第二章"申请人须知"第3.3.1项规定; (4)提交资格预审申请文件的标段必须与购买资格预审文件的标段一致; (5)申请人的授权委托书或法定代表人身份证明符合第二章"申请人须知"第3.2.2项规定; (6)资格预审申请文件正、副本份数符合第二章"申请人须知"第3.3.2项规定; (7)资格预审申请人如果以联合体形式申请,符合第二章"申请人须知"第1.4.2项规定; (8)资格预审申请文件没有对招标人的权利提出削弱性或限制性要求,没有对申请人的责任和义务提出实质性修改; ……
2.2	详细审查标准	(1)申请人具备有效的营业执照、组织机构代码证、监理资质证书和基本账户开户许可证; (2)申请人的资质等级符合第二章"申请人须知"第1.4.1项规定; (3)申请人的类似项目业绩符合第二章"申请人须知"第1.4.1项规定; (4)申请人的信誉符合第二章"申请人须知"第1.4.1项规定; (5)申请人的总监理工程师(包括备选人)或驻地监理工程师(包括备选人)资格、在岗情况符合第二章"申请人须知"第1.4.1项规定; (6)申请人的其他要求符合第二章"申请人须知"第1.4.1项规定;[②] (7)申请人不存在第二章"申请人须知"第1.4.3项或第1.4.4项规定的任何一种情形; (8)申请人符合第二章"申请人须知"第1.4.5项规定;[③] (9)以联合体形式申请资格预审的,联合体各方均未再以自己名义单独或参加其他联合体在同一标段中申请资格预审;独立提出资格预审申请的,申请人未同时参加联合体在同一标段中申请资格预审;

---

① "资格审查办法前附表"用于明确资格审查的方法、因素、标准和程序。招标人应根据招标项目具体特点和实际需要,详细列明全部审查因素、标准,没有列明的因素和标准不得作为资格审查的依据。
② 对于特别复杂的特大桥梁和特长隧道项目主体工程以及其他有特殊要求的工程,还可对申请人的其他主要监理人员进行详细审查。
③ 本款规定仅适用于根据《关于发布公路工程从业企业资质名录的通知》(厅公路字〔2011〕114号)要求,招标人应通过名录对申请人资质条件进行审核的公路施工监理企业。

条款号	审查因素与审查标准
2.2	详细审查标准 (10)在资格预审过程中申请人不存在串通投标、弄虚作假、行贿或其他违法违规行为,串通投标、弄虚作假行为按照《中华人民共和国招标投标法实施条例》第三十九条至第四十二条的规定进行评审和认定; (11)审查委员会要求申请人对资格预审申请文件进行澄清或说明的,申请人的澄清或说明符合本章正文第3.3款规定; ……
3.2.3	详细审查 单位负责人为同一人或存在控股、管理关系的不同单位参加同一标段资格预审申请的,按照以下优先顺序确定通过资格预审的单位: (1)被_____交通运输主管部门评为较高信用等级的申请人优先; (2)近年完成的类似项目数量多的申请人优先; ……

第三章 资格审查办法(合格制)

1. 审查方法

本次资格预审采用合格制。凡符合本章第2.1款、第2.2款、第3.2.2项和第3.2.3项规定审查标准的申请人均通过资格预审。

2. 审查标准

2.1 初步审查标准

初步审查标准:见资格审查办法前附表。

2.2 详细审查标准

详细审查标准:见资格审查办法前附表。

3. 审查程序

3.1 初步审查

3.1.1 审查委员会依据本章第2.1款规定的标准,对资格预审申请文件进行初步审查。有一项因素不符合审查标准的,不能通过资格预审。

3.1.2 审查委员会可以要求申请人提交第二章"申请人须知"第3.2.3项至第3.2.7项规定的有关证明和证件的原件,以便核验。

3.2 详细审查

3.2.1 审查委员会依据本章第2.2款规定的标准,对通过初步审查的资格预审申请文件进行详细审查。有一项因素不符合审查标准的,不能通过资格预审。

3.2.2 在详细审查过程中,审查委员会应查询交通运输主管部门"公路建设市场信用信息管理系统",对申请人的资质、业绩、主要人员资历和目前在岗情况、信用等级等信息进行核实。若资格预审申请文件载明的信息与交通运输主管部门"公路建设市场信用信息管理系统"发布的信息不符,使得申请人的资格条件不符合资格预审文件规定的,申请人不能通过资格预审。

3.2.3 单位负责人为同一人或存在控股、管理关系的不同单位,在同一标段中有两家以上(含两家)通过初步审查和详细审查的,只能有一家单位通过资格预审。确定通过资格预审单位的原则见资格审查办法前附表。

3.3 资格预审申请文件的澄清

在审查过程中,审查委员会可以书面形式,要求申请人对所提交的资格预审申请文件中不明确的内容进行必要的澄清或说明。申请人的澄清或说明应采用书面形式,并不得改变资格预审申请文件的实质性内容。申请人的澄清和说明内容属于资格预审申请文件的组成部分。审查委员会不接受申请人主动提出的澄清或说明。

3.4 不得否决资格预审申请文件的情形

审查委员会不得以资格预审申请文件页码不连续、采用活页夹装订、个别文字有遗漏错误等不影响资格预审申请文件实质性内容的偏差为由，否决申请人的资格预审申请文件。

4. 审查结果

4.1 提交审查报告

审查委员会按照本章第3条规定的程序对资格预审申请文件完成审查后，确定通过资格预审的申请人名单，并向招标人提交书面审查报告。

4.2 重新进行资格预审或招标

通过资格预审申请人的数量不足3个的，招标人重新组织资格预审或不再组织资格预审而直接招标。

第三章 资格审查办法(有限数量制)

资格审查办法前附表[①]

条款号		条款名称	编列内容
1		通过资格预审的人数	通过初步审查和详细审查的申请人,按综合得分由高到低的顺序排序,选择前____名通过资格预审[②]
2			审查因素与审查标准
2.1	初步审查标准		(1)申请人名称与营业执照、组织机构代码证、监理资质证书一致; (2)资格预审申请文件按照资格预审文件规定的格式、内容填写,字迹清晰可辨; (3)资格预审申请文件签署、盖章情况符合第二章"申请人须知"第3.3.1项规定; (4)提交资格预审申请文件的标段必须与购买资格预审文件的标段一致; (5)申请人的授权委托书或法定代表人身份证明符合第二章"申请人须知"第3.2.2项规定; (6)资格预审申请文件正、副本份数符合第二章"申请人须知"第3.3.2项规定; (7)资格预审申请人如果以联合体形式申请,符合第二章"申请人须知"第1.4.2项规定; (8)资格预审申请文件没有对招标人的权利提出削弱性或限制性要求,没有对申请人的责任和义务提出实质性修改; ……
2.2	详细审查标准		(1)申请人具备有效的营业执照、组织机构代码证、监理资质证书和基本账户开户许可证; (2)申请人的资质等级符合第二章"申请人须知"第1.4.1项规定; (3)申请人的类似项目业绩符合第二章"申请人须知"第1.4.1项规定; (4)申请人的信誉符合第二章"申请人须知"第1.4.1项规定; (5)申请人的总监理工程师(包括备选人)或驻地监理工程师(包括备选人)资格、在岗情况符合第二章"申请人须知"第1.4.1项规定; (6)申请人的其他要求符合第二章"申请人须知"第1.4.1项规定;[③] (7)申请人不存在第二章"申请人须知"第1.4.3项或第1.4.4项规定的任何一种情形;

[①] "资格审查办法前附表"用于明确资格审查的方法、因素、标准和程序。招标人应根据招标项目具体特点和实际需要,详细列明全部审查因素、标准,没有列明的因素和标准不得作为资格审查的依据。

[②] 招标人应在资格预审文件中明确允许通过资格预审的申请人的数量,该数量应当有利于提高招标项目的竞争并有利于防止申请人串通投标。

[③] 对于特别复杂的特大桥梁和特长隧道项目主体工程以及其他有特殊要求的工程,还可对申请人的其他主要监理人员进行详细审查。

续上表

条款号		审查因素与审查标准
2.2	详细审查标准	(8)申请人符合第二章"申请人须知"第1.4.5项规定;① (9)以联合体形式申请资格预审的,联合体各方均未再以自己名义单独或参加其他联合体在同一标段中申请资格预审;独立提出资格预审申请的,申请人未同时参加联合体在同一标段中申请资格预审; (10)在资格预审过程中申请人不存在串通投标、弄虚作假、行贿或其他违法违规行为,串通投标、弄虚作假行为按照《中华人民共和国招标投标法实施条例》第三十九条至第四十二条的规定进行评审和认定; (11)审查委员会要求申请人对资格预审申请文件进行澄清或说明的,申请人的澄清或说明符合本章正文第3.3款规定; ……
3.2.3	详细审查	单位负责人为同一人或存在控股、管理关系的不同单位参加同一标段资格预审申请的,按照以下优先顺序确定通过资格预审的单位: (1)综合得分高的申请人优先; (2)被_____交通运输主管部门评为较高信用等级的申请人优先; (3)近年完成的类似项目数量多的申请人优先; ……

---

① 本款规定仅适用于根据《关于发布公路工程从业企业资质名录的通知》(厅公路字〔2011〕114号)要求,招标人应通过名录对申请人资质条件进行审核的公路施工监理企业。

续上表

条款号	评分因素与权重分值①				评分标准④
	评分因素②	评分因素权重分值③	各评分因素细分项	分值	
2.3 评分标准	拟投入本标段的总监理工程师(包括备选人)或驻地监理工程师(包括备选人)资历、信誉				
	类似工程施工监理经验				
	履约信誉⑤				
	技术能力⑥				
	……	……			

---

① 招标人应根据项目具体情况确定各评分因素及评分因素权重分值,并对各评分因素进行细分(如有)、确定各评分因素细分项的分值,各评分因素权重分值合计应为100分。各评分因素得分应以审查委员会各成员的打分平均值确定,审查委员会成员总数为7人以上时,该平均值以去掉一个最高分和一个最低分后计算。

② 对于特别复杂的特大桥梁和特长隧道项目主体工程以及其他有特殊要求的工程,还可以将其他主要监理人员列为评分因素进行评分,并适当调整本标准文件规定的评分因素权重分值范围。

③ 各评分因素权重分值范围如下:拟投入本标段的总监理工程师(包括备选人)或驻地监理工程师(包括备选人)资历、信誉30~45分;类似工程施工监理经验35~45分;履约信誉15~25分;技术能力0~5分。

④ 招标人应列明各评分因素或各评分因素细分项(如有)的评分标准并作为审查委员会进行评分的依据。

⑤ 招标人可根据招标项目所在地省级交通运输主管部门的有关规定,按照申请人的信用评级结果对其履约信用进行评分,但不得任意设置歧视性条款并不得任意设立行政许可。

⑥ "技术能力"指申请人的科研开发和技术创新能力,招标人可结合招标项目的具体情况提出相关要求,包括申请人获得的与工程咨询管理(包括勘察设计、监理等工程咨询工作)有关的专利(发明专利或实用新型专利)、国家或省级科学技术进步奖,主编或参编过的国家、行业或地方标准等。

1. 审查方法

本次资格预审采用有限数量制。审查委员会依据本章规定的审查标准和程序,对通过初步审查和详细审查的资格预审申请文件进行量化打分,按得分由高到低的顺序确定通过资格预审的申请人。通过资格预审的申请人不超过资格审查办法前附表规定的数量。

2. 审查标准

2.1 初步审查标准

初步审查标准:见资格审查办法前附表。

2.2 详细审查标准

详细审查标准:见资格审查办法前附表。

2.3 评分标准

评分标准:见资格审查办法前附表。

3. 审查程序

3.1 初步审查

3.1.1 审查委员会依据本章第2.1款规定的标准,对资格预审申请文件进行初步审查。有一项因素不符合审查标准的,不能通过资格预审。

3.1.2 审查委员会可以要求申请人提交第二章"申请人须知"第3.2.3项至第3.2.7项规定的有关证明和证件的原件,以便核验。

3.2 详细审查

3.2.1 审查委员会依据本章第2.2款规定的标准,对通过初步审查的资格预审申请文件进行详细审查。有一项因素不符合审查标准的,不能通过资格预审。

3.2.2 在详细审查过程中,审查委员会应查询交通运输主管部门"公路建设市场信用信息管理系统",对申请人的资质、业绩、主要人员资历和目前在岗情况、信用等级等信息进行核实。若资格预审申请文件载明的信息与交通运输主管部门"公路建设市场信用信息管理系统"发布的信息不符,使得申请人的资格条件不符合资格预审文件规定的,申请人不能通过资格预审。

3.2.3 单位负责人为同一人或存在控股、管理关系的不同单位,在同一标段中有两家以上(含两家)通过初步审查和详细审查的,只能有一家单位通过资格预审。确定通过资格预审单位的原则见资格审查办法前附表。

3.3 资格预审申请文件的澄清

在审查过程中,审查委员会可以书面形式,要求申请人对所提交的资格预审申请文件中不明确的内容进行必要的澄清或说明。申请人的澄清或说明应采用书面形式,并不得改变资格预审申请文件的实质性内容。申请人的澄清和说明内容属于资格预审申请文件的组成部分。审查委员会不接受申请人主动提出的澄清或说明。

3.4 评分

3.4.1 通过详细审查的申请人不少于3个且没有超过本章第1条规定数量的,均通过资格预审,不再进行评分。

3.4.2 通过详细审查的申请人数量超过本章第1条规定数量的,审查委员会依据本章第2.3款评分标准进行评分,按得分由高到低的顺序进行排序。

3.5 不得否决资格预审申请文件的情形

审查委员会不得以资格预审申请文件页码不连续、采用活页夹装订、个别文字有遗漏错误等不影响资格预审申请文件实质性内容的偏差为由,否决申请人的资格预审申请文件。

4. 审查结果

4.1 提交审查报告

审查委员会按照本章第3条规定的程序对资格预审申请文件完成审查后,确定通过资格预审的申请人名单,并向招标人提交书面审查报告。

4.2 重新进行资格预审或招标

通过详细审查申请人的数量不足3个的,招标人重新组织资格预审或不再组织资格预审而直接招标。

第四章　资格预审申请文件格式[①]

[①] 招标人可结合招标项目具体特点和实际需要,对本章内容进行补充、细化。

_____省(自治区、直辖市)

_____(项目名称)_____标段施工监理招标

资格预审申请文件

申请人:_____(盖单位章)

_____ 年 ____ 月 ____ 日

目 录

一、资格预审申请函

二、授权委托书或法定代表人身份证明

三、联合体协议书

四、申请人基本情况

    4-1 申请人基本情况表

    4-2 申请人企业组织机构框图

五、近年完成的类似项目情况表

六、申请人的信誉情况表

七、拟委任的总监理工程师或驻地监理工程师资历表

八、拟委任的其他主要监理人员情况表

    8-1 拟委任的其他主要监理人员汇总表

    8-2 拟委任的其他主要监理人员资历表

九、其他资料

第四章 资格预审申请文件格式

一、资格预审申请函

_____（招标人名称）：

  1. 按照资格预审文件的要求，我方（申请人）递交的资格预审申请文件及有关资料，用于你方（招标人）审查我方参加_____（项目名称）_____标段施工监理招标的投标资格。

  2. 我方提交的资格预审申请文件包含第二章"申请人须知"第 3.1.1 项规定的全部内容。

  3. 我方接受你方的授权代表进行调查，以审核我方提交的文件和资料，并通过我方的客户，澄清资格预审申请文件中有关技术方面的情况。

  4. 你方授权代表可通过_____（联系人及联系方式）得到进一步的资料。

  5. 我方在此声明，所递交的资格预审申请文件及有关资料内容完整、真实和准确，且不存在第二章"申请人须知"第 1.4.3 项和第 1.4.4 项规定的任何一种情形。

  6. 我方在此承诺，资格预审申请文件中作出的有关人员投入的承诺将作为施工监理合同文件的组成部分，对我方具有约束力。

申 请 人：_____（盖单位章）[①]
法定代表人或其委托代理人：_____（签字）
电　　话：_____
传　　真：_____
申请人地址：_____
邮 政 编 码：_____

____ 年 ___ 月 ___ 日

[①] 申请人仅须在资格预审申请函上加盖单位章，或由法定代表人或其委托代理人签字。

二、授权委托书或法定代表人身份证明

2-1　授权委托书①

本人_____（姓名）系_____（申请人名称）的法定代表人，现委托_____（姓名）为我方代理人。代理人根据授权，以我方名义签署、澄清确认、递交、撤回、修改_____（项目名称）_____标段施工监理招标资格预审申请文件，其法律后果由我方承担。

委托期限：自本委托书签署之日起____个月内。②

代理人无转委托权。

附：法定代表人身份证复印件及委托代理人身份证复印件。

申　请　人：_____（盖单位章）
法定代表人：_____（签字）
身份证号码：_____
委托代理人：_____（签字）
身份证号码：_____

_____年___月___日

注：
1. 法定代表人和委托代理人必须在授权委托书上亲笔签名，不得使用印章、签名章或其他电子制版签名代替；
2. 以联合体形式申请资格预审的，本授权委托书应由联合体牵头人的法定代表人按上述规定签署。

---

① 如果由申请人的法定代表人签署资格预审申请文件，则无须提交授权委托书。
② 具体委托期限宜由招标人在资格预审文件中作出统一规定。

2-2　法定代表人身份证明

申请人名称：_____

姓名：__(法定代表人亲笔签字)__　性别：____年龄：____职务：_____

系_____（申请人名称）的法定代表人。

特此证明。

附：法定代表人身份证复印件。

申请人：_____（盖单位章）

____年___月___日

注：法定代表人的签字必须是亲笔签名，不得使用印章、签名章或其他电子制版签名代替。

三、联合体协议书

　　_____（所有成员单位名称）自愿组成_____（联合体名称）联合体，共同参加_____（项目名称）_____标段施工监理招标资格预审和投标。现就联合体投标事宜订立如下协议。

　　1. _____（某成员单位名称）为_____（联合体名称）牵头人。

　　2. 联合体各成员授权牵头人代表联合体参加资格预审申请或投标活动，签署文件，提交和接收相关的资料、信息及指示，进行合同谈判活动，负责合同实施阶段的组织和协调工作，以及处理与本招标项目有关的一切事宜。

　　3. 联合体牵头人在本项目中签署的一切文件和处理的一切事宜，联合体各成员均予以承认。联合体各成员将严格按照招标文件、投标文件和合同的要求全面履行义务，并向招标人承担连带责任。

　　4. 联合体各成员单位内部的职责分工如下：(牵头人名称)承担_____专业工程，占总工程量的____%；(成员一名称)承担_____专业工程，占总工程量的_____%；……

　　5. 资格预审申请工作、投标工作和联合体在中标后工程实施过程中的有关费用按各自承担的工作量分摊。

　　6. 本协议书自所有成员单位法定代表人签字并加盖单位章之日起生效，合同履行完毕后自动失效。

　　7. 本协议书一式_____份，联合体成员和招标人各执一份。

　　联合体牵头人名称：_____（盖单位章）
　　法定代表人：_____（签字）

　　联合体成员名称：_____（盖单位章）
　　法定代表人：_____（签字）

　　联合体成员名称：_____（盖单位章）
　　法定代表人：_____（签字）
　　……
　　　　　　　　　　　　　　　____年___月___日

四、申请人基本情况

4-1 申请人基本情况表

申请人名称						
注册地址				邮政编码		
联系方式	联系人			电 话		
	传 真			电子邮件		
法定代表人	姓 名		技术职称		电 话	
技术负责人	姓 名		技术职称		电 话	
企业监理资质证书	类型:		等级:		证书号:	
营业执照号			员工总人数:			
注册资本		其中	高级职称人员			
成立日期			中级职称人员			
基本账户开户银行			技术人员数量			
基本账户银行账号			各类注册人员			
经营范围						
申请人关联企业情况	申请人应提供关联企业情况,包括: (1)申请人的所有股东名称及相应股权(出资额)比例;如申请人为上市公司,申请人应提供股权占公司股份总数____%以上的所有股东名称及相应股权比例; (2)申请人投资(控股)或管理的下属企业名称、持有股权(出资额)比例; (3)与申请人单位负责人(即法定代表人)为同一人的其他单位名称					
备 注						

注:1. 申请人应根据资格预审文件第二章"申请人须知"第3.2.3项的要求在本表后附相关证明材料。

2. 以联合体形式申请资格预审的,联合体各成员应分别填写。

4-2 申请人企业组织机构框图

以框图方式表示。
说明

五、近年完成的类似项目情况表

序　号	
项目名称	
项目所在地	
委托人名称	
委托人地址	
委托人电话	
项目等级	
项目总投资	
监理服务费	
监理服务期限	
监理内容	
总监理工程师或驻地监理工程师	
项目描述	
备　注	

注：1. 每张表格只填写一个项目，并标明序号。
　　2. 申请人应根据资格预审文件第二章"申请人须知"第 3.2.4 项的要求在本表后附相关证明材料。
　　3. 如近年来，申请人法人机构发生合法变更或重组或法人名称变更时，应提供相关部门的合法批件或其他相关证明材料来证明其所附业绩的继承性。
　　4. 以联合体形式申请资格预审的，联合体各成员应分别填写。

六、申请人的信誉情况表

项 目	申请人情况说明

注:1.申请人应按照资格预审文件第二章"申请人须知"前附表附录3和"申请人须知"正文第1.4.4项规定,逐条说明其信誉情况。

2.申请人应根据资格预审文件第二章"申请人须知"第3.2.5项的要求在本表后附相关证明材料。

3.以联合体形式申请资格预审的,联合体各成员应分别填写。

七、拟委任的总监理工程师或驻地监理工程师资历表

姓　　名		年　　龄		执业或职业资格 证书名称	
技术职称		学　　历		拟在本标段 工程任职	
工作年限				从事监理工作年限	
毕业学校	_____年____月毕业于_____学校_____专业,学制____年				
经　　历					
时　　间	参加过的类似工程项目名称		担任职务		委托人及 联系电话
获奖情况					
说明在岗情况	□目前未在其他项目上任职,现从事工作为:_____ □目前虽在其他项目上任职,但本项目中标后能够从该项目撤离, 　目前任职项目:_____,担任职位:_____				
备　　注					

注:1. 本表应填写总监理工程师(以及备选人)或驻地监理工程师(以及备选人)相关情况。
　　2. 申请人应根据资格预审文件第二章"申请人须知"第3.2.6项的要求在本表后附相关证明材料。

八、拟委任的其他主要监理人员情况表

8-1 拟委任的其他主要监理人员汇总表①

序号	本标段任职	姓名	技术职称	专业	执业或职业资格证明			备注
					证书名称	级别	证号	

注：本表填报的人员应满足资格预审文件第二章"申请人须知"前附表附录5的要求。

---

① 本表仅适用于特别复杂的特大桥梁和特长隧道项目主体工程以及其他有特殊要求的工程。

8-2 拟委任的其他主要监理人员资历表[①]

姓　名		年　龄		执业或职业资格证书名称	
技术职称		学　历		拟在本标段工程任职	
工作年限				从事监理工作年限	
毕业学校	_____年___月毕业于_____学校_____专业,学制___年				
经　历					
时　间	参加过的类似工程项目名称			担任职务	委托人及联系电话
获奖情况					
说明在岗情况	☐目前未在其他项目上任职,现从事工作为:_____ ☐目前虽在其他项目上任职,但本项目中标后能够从该项目撤离,目前任职项目:_____,担任职位:_____				
备　注					

注:1. 本表人员应与表 8-1 中所列人员相一致。
　　2. 申请人应根据资格预审文件第二章"申请人须知"第 3.2.7 项的要求在本表后附相关证明材料。

[①] 本表仅适用于特别复杂的特大桥梁和特长隧道项目主体工程以及其他特殊要求的工程。

九、其他资料

第五章　项目建设概况

第五章 项目建设概况[①]

项目建设概况应包括以下内容：

(1)项目说明：公路的起讫地点、里程、等级、技术标准、主要控制点；桥涵的结构形式；独立特大桥的桥型、荷载标准、跨径、桥长、桥宽、基础、水深、引道长度等；独立隧道的长度、宽度、防水排水、衬砌和设施等；附属设施标准、规格等；

(2)水文、气象及地质简况；

(3)交通、电力、通信及其他条件；

(4)施工标段划分及各标段主要工程数量表；

(5)招标项目地理位置示意图。

---

① 招标人可结合招标项目具体特点和实际需要，对本章内容进行补充、细化。

附录 采用电子招标投标条款示例[①]

采用电子招标投标时,《公路工程标准施工监理招标资格预审文件》的相应条款可作如下调整:

第一章 资格预审公告

第 5 条、第 6 条修改为:

5. 资格预审文件的获取

5.1 请申请人在_____电子交易平台(以下简称"电子交易平台",网址:_____)进行网员注册,并领取 CA 数字证书。

5.2 完成网员注册后,请于____年___月___日至____年___月___日,每日___时___分至___时___分(北京时间,下同),通过互联网使用 CA 数字证书登录"电子交易平台",明确所投标段,通过网上银行支付资格预审文件费用后下载资格预审文件。以联合体形式申请资格预审的,由联合体牵头人完成网上支付、资格预审文件下载。

5.3 资格预审文件每套售价_____元,售后不退。

6. 资格预审申请文件的递交

6.1 资格预审申请文件应为加密的资格预审申请文件。递交资格预审申请文件截止时间(申请截止时间,下同)为____年___月___日___时___分,申请人应在申请截止时间前,通过互联网使用 CA 数字证书登录"电子交易平台",将加密的资格预审申请文件上传,并保存上传成功后系统自动生成的电子签收凭证,递交时间即为电子签收凭证时间。逾期未完成上传或未按规定加密的资格预审申请文件,招标人予以拒收。

第二章 申请人须知

申请人须知前附表相应条款修改为:

条款号	条款名称	编列内容
2.2.1	申请人要求澄清资格预审文件	时间:____年___月___日___时___分
		形式:使用 CA 数字证书登录"电子交易平台",在"投标答疑"菜单以书面形式要求招标人对资格预审文件予以澄清

[①] 本附录供招标人采用电子招标投标时参考,招标人应根据电子招标投标交易平台的要求编制相应条款。

续上表

条款号	条款名称	编列内容
2.2.2	资格预审文件澄清发出的形式	通过"电子交易平台"发出资格预审文件澄清
2.3.1	资格预审文件修改发出的形式	通过"电子交易平台"发出资格预审文件修改

申请人须知正文第2.2.3项修改为：

2.2.3 资格预审文件澄清发出的同时,"电子交易平台"以手机短信方式提醒申请人登录平台查看。申请人应注意及时浏览网上发出的澄清,因申请人自身原因未及时获知澄清内容而导致的任何后果将由申请人自行承担。

申请人须知正文第2.3.2项修改为：

2.3.2 资格预审文件修改发出的同时,"电子交易平台"以手机短信方式提醒申请人登录平台查看。申请人应注意及时浏览网上发出的修改,因申请人自身原因未及时获知修改内容而导致的任何后果将由申请人自行承担。

申请人须知正文第2.4款修改为：

2.4 资格预审文件的异议

申请人或其他利害关系人对资格预审文件有异议的,应在提交资格预审申请文件截止时间2日前以书面形式提出。招标人将在收到异议之日起3日内作出答复;作出答复前,将暂停招标投标活动。提出异议与作出答复均应通过"电子交易平台"在"异议与答复"菜单以书面形式完成。

申请人须知正文第3.3款修改为：

3.3 资格预审申请文件的制作

3.3.1 资格预审申请文件的制作应满足以下规定：

(1)资格预审申请文件由申请人使用"电子交易平台"自带的"资格预审申请文件制作工具"制作生成。

(2)申请人在编制资格预审申请文件时应建立分级目录,并按照标签提示导入相关内容。

(3)资格预审申请文件中证明资料的"复印件"均为"原件的扫描件",应从"电子交易平台"会员诚信库中选择并进行超链接,未标示"复印件"的证明资料均应直接制作生成。

(4)第四章"资格预审申请文件格式"中要求盖单位章和(或)签字的地方,申请人均应使用CA数字证书加盖申请人的单位电子印章和(或)法定代表人的个人电子印章或电子签名章。以联合体形式申请资格预审的,资格预审申请文件由联合体牵头人按上述规定加盖联合体牵头人单位电子印章和(或)法定代表人的个人电子印章或电子签名章。

（5）资格预审申请文件制作完成后,申请人应使用CA数字证书对资格预审申请文件进行文件加密,形成加密的资格预审申请文件。

（6）资格预审申请文件制作的具体方法详见"资格预审申请文件制作工具"中的帮助文档。

3.3.2 因申请人自身原因而导致资格预审申请文件无法导入"电子交易平台"电子开标、评标系统,视为撤销其资格预审申请文件,申请人自行承担由此导致的全部责任。

申请人须知正文第4.1款修改为：

4.1 资格预审申请文件的加密

资格预审申请文件应按照本章第3.3.1项要求制作并加密,未按要求加密的资格预审申请文件,招标人("电子交易平台")将拒绝接收并提示。

申请人须知正文第4.2款修改为：

4.2 资格预审申请文件的递交

4.2.1 申请人应在第一章"资格预审公告"第6条规定的申请截止时间前,通过互联网使用CA数字证书登录"电子交易平台",将加密的资格预审申请文件上传,并保存上传成功后系统自动生成的电子签收凭证,递交时间即为电子签收凭证时间。申请人应充分考虑上传文件时的不可预见因素,未在申请截止时间前完成上传的,视为逾期送达,招标人("电子交易平台")将拒绝接收。

4.2.2 根据本章第4.1款的规定,申请人递交的资格预审申请文件,只要出现应当拒收的情形,其资格预审申请文件不予接收。

申请人须知正文增加第4.3款：

4.3 资格预审申请文件递交的补救措施

4.3.1 资格预审申请文件递交过程中因本章第4.3.2项所列原因,导致系统无法正常运行,将按申请人须知前附表的规定采取补救措施。

4.3.2 当出现以下情况时,应中止资格预审申请文件的递交,并在恢复正常后及时安排时间递交资格预审申请文件：

（1）系统服务器发生故障,无法访问或无法使用系统；

（2）系统的软件或数据库出现错误,不能进行正常操作；

(3)系统发现有安全漏洞,有潜在的泄密危险;

(4)出现断电事故且短时间内无法恢复供电;

(5)其他无法保证招投标过程正常进行的情形。

4.3.3 采取补救措施时,必须对原有资料及信息作出妥善保密处理。

申请人须知正文第5.2款修改为:

5.2 资格审查

5.2.1 审查委员会根据申请人须知前附表规定的方法和第三章"资格审查办法"中规定的审查标准,对所有已受理的资格预审申请文件进行审查。第三章"资格审查办法"没有规定的方法和标准不得作为审查依据。

5.2.2 资格审查的补救措施

审查委员会按照本章第5.2.1项的规定在电子评标系统上开展审查工作。如果资格审查过程中出现异常情况,导致无法继续审查工作的,可暂停审查,对原有资料及信息作出妥善保密处理,待电子评标系统恢复正常之后,应重新组织审查。

申请人须知正文第6.1款修改为:

6.1 通知

招标人在申请人须知前附表规定的时间内,通过"电子交易平台"以数据电文形式将资格预审结果通知申请人,并向通过资格预审的申请人发出投标邀请书。

对于未通过资格预审的申请人,招标人应在资格预审结果通知书中告知其未通过的依据和原因。

申请人须知正文第6.2款修改为:

6.2 资格预审结果的异议

申请人或利害关系人对资格预审审查结果有异议的,应在收到资格预审结果通知书后3日内提出。招标人将在收到异议之日起3日内作出答复;作出答复前,将暂停招标投标活动。提出异议与作出答复均应通过"电子交易平台"在"异议与答复"菜单以书面形式进行。

公路工程现行标准、规范、规程、指南一览表

(2018年1月)

序号	类别	编号	书名(书号)	定价(元)
1		JTG 1001—2017	公路工程标准体系(14300)	20.00
2		JTG A02—2013	公路工程行业标准制修订管理导则(10544)	15.00
3		JTG A04—2013	公路工程标准编写导则(10538)	20.00
4		JTJ 002—87	公路工程名词术语(0346)	22.00
5		JTJ 003—86	公路自然区划标准(0348)	16.00
6		JTG B01—2014	★公路工程技术标准(活页夹版,11814)	98.00
7		JTG B01—2014	★公路工程技术标准(平装版,11829)	68.00
8		JTG B02—2013	公路工程抗震规范(11120)	45.00
9		JTG/T B02-01—2008	公路桥梁抗震设计细则(13318)	45.00
10		JTG B03—2006	公路建设项目环境影响评价规范(13373)	40.00
11		JTG B04—2010	公路环境保护设计规范(08473)	28.00
12	基础	JTG B05—2015	★公路项目安全性评价规范(12806)	45.00
13		JTG B05-01—2013	公路护栏安全性能评价标准(10992)	30.00
14		JTG B06—2007	公路工程基本建设项目概算预算编制办法(06903)	26.00
15		JTG/T B06-01—2007	★公路工程概算定额(06901)	110.00
16		JTG/T B06-02—2007	★公路工程预算定额(06902)	138.00
17		JTG/T B06-03—2007	★公路工程机械台班费用定额(06900)	24.00
18		交通部定额站2009版	公路工程施工定额(07864)	78.00
19		JTG/T B07-01—2006	公路工程混凝土结构防腐蚀技术规范(13592)	30.00
20		JTG/T 6303.1—2017	收费公路移动支付技术规范 第一册 停车移动支付(14380)	20.00
21		交通运输部2015年第40号	★收费公路联网收费多义性路径识别技术要求(12484)	40.00
22		JTG B10-01—2014	公路电子不停车收费联网运营和服务规范(11566)	30.00
23		交通运输部2011年	公路工程项目建设用地指标(09402)	36.00
24		JTG C10—2007	★公路勘测规范(06570)	40.00
25		JTG/T C10—2007	★公路勘测细则(06572)	42.00
26	勘测	JTG C20—2011	公路工程地质勘察规范(09507)	65.00
27		JTG/T C21-01—2005	公路工程地质遥感勘察规范(0839)	17.00
28		JTG/T C21-02—2014	公路工程卫星图像测绘技术规程(11540)	25.00
29		JTG/T C22—2009	公路工程物探规程(1311)	28.00
30		JTG C30—2015	★公路工程水文勘测设计规范(12063)	70.00
31		JTG D20—2017	公路路线设计规范(14301)	80.00
32		JTG/T D21—2014	公路立体交叉设计细则(11761)	60.00
33		JTG D30—2015	★公路路基设计规范(12147)	98.00
34		JTG/T D31—2008	沙漠地区公路设计与施工指南(1206)	32.00
35		JTG/T D31-02—2013	★公路软土地基路堤设计与施工技术细则(10449)	40.00
36	公	JTG/T D31-03—2011	★采空区公路设计与施工技术细则(09181)	40.00
37		JTG/T D31-04—2012	多年冻土地区公路设计与施工技术细则(10260)	40.00
38	路	JTG/T D31-05—2017	黄土地区公路路基设计与施工技术规范(13994)	50.00
39		JTG/T D31-06—2017	季节性冻土地区公路设计与施工技术规范(13981)	45.00
40		JTG/T D32—2012	★公路土工合成材料应用技术规范(09908)	50.00
41	设	JTG D40—2011	★公路水泥混凝土路面设计规范(09463)	40.00
42		JTG D50—2017	★公路沥青路面设计规范(13760)	50.00
43		JTG/T D33—2012	公路排水设计规范(10337)	40.00
44		JTG D60—2015	★公路桥涵设计通用规范(12506)	40.00
45		JTG/T D60-01—2004	公路桥梁抗风设计规范(13804)	40.00
46	计	JTG D61—2005	公路圬工桥涵设计规范(13355)	30.00
47		JTG D62—2004	公路钢筋混凝土及预应力混凝土桥涵设计规范(05052)	48.00
48		JTG D63—2007	公路桥涵地基与基础设计规范(06892)	48.00
49	桥	JTG D64—2015	★公路钢结构桥梁设计规范(12507)	80.00
50		JTG D64-01—2015	公路钢混组合桥梁设计与施工规范(12682)	45.00
51	隧	JTG/T D65-01—2007	公路斜拉桥设计细则(1125)	28.00
52		JTG/T D65-04—2007	公路涵洞设计细则(06628)	26.00
53		JTG/T D65-05—2015	公路悬索桥设计规范(12674)	55.00
54		JTG/T D65-06—2015	公路钢管混凝土拱桥设计规范(12514)	40.00
55		JTG D70—2004	公路隧道设计规范(05180)	50.00
56		JTG/T D70—2010	★公路隧道设计细则(08478)	66.00
57		JTG D70/2—2014	公路隧道设计规范 第二册 交通工程与附属设施(11543)	50.00

续上表

序号	类别	编号	书名(书号)	定价(元)
58	桥隧	JTG/T D70/2-01—2014	公路隧道照明设计细则(11541)	35.00
59		JTG/T D70/2-02—2014	公路隧道通风设计细则(11546)	70.00
60	交通工程	JTG D80—2006	高速公路交通工程及沿线设施设计通用规范(0998)	25.00
61	设计	JTG D81—2017	公路交通安全设施设计规范(14395)	60.00
62		JTG/T D81—2017	公路交通安全设施设计细则(14396)	90.00
63		JTG D82—2009	公路交通标志和标线设置规范(07947)	116.00
64	综合	交办公路〔2017〕167号	国家公路网交通标志调整工作技术指南(14379)	80.00
65		交公路发〔2007〕358号	公路工程基本建设项目设计文件编制办法(06746)	26.00
66		交公路发〔2015〕69号	公路工程特殊结构桥梁项目设计文件编制办法(12455)	30.00
67	检测	JTG E20—2011	公路工程沥青及沥青混合料试验规程(09468)	106.00
68		JTG E30—2005	公路工程水泥及水泥混凝土试验规程(13319)	55.00
69		JTG E40—2007	★公路土工试验规程(06794)	90.00
70		JTG E41—2005	公路工程岩石试验规程(13351)	30.00
71		JTG E42—2005	公路工程集料试验规程(13353)	50.00
72		JTG E50—2006	★公路工程土工合成材料试验规程(13398)	40.00
73		JTG E51—2009	公路工程无机结合料稳定材料试验规程(08046)	60.00
74		JTG E60—2008	公路路基路面现场测试规程(07296)	50.00
75		JTG/T E61—2014	公路路面技术状况自动化检测规程(11830)	25.00
76	公路	JTG F10—2006	公路路基施工技术规范(06221)	50.00
77	施工	JTG/T F20—2015	★公路路面基层施工技术细则(12367)	45.00
78		JTG/T F30—2014	公路水泥混凝土路面施工技术细则(11244)	60.00
79		JTG/T F31—2014	公路水泥混凝土路面再生利用技术细则(11360)	30.00
80		JTG F40—2004	★公路沥青路面施工技术规范(05328)	50.00
81		JTG F41—2008	公路沥青路面再生技术规范(07105)	40.00
82	桥隧	JTG/T F50—2011	★公路桥涵施工技术规范(09224)	110.00
83		JTG/T F81-01—2004	公路工程基桩动测技术规程(14068)	30.00
84		JTG F60—2009	公路隧道施工技术规范(07992)	55.00
85		JTG/T F60—2009	公路隧道施工技术细则(07991)	70.00
86	交通	JTG F71—2006	★公路交通安全设施施工技术规范(13397)	30.00
87		JTG/T F72—2011	公路隧道交通工程与附属设施施工技术规范(09509)	35.00
88	质检安全	JTG F80/1—2017	公路工程质量检验评定标准 第一册 土建工程(14472)	90.00
89		JTG F80/2—2004	公路工程质量检验评定标准 第二册 机电工程(05325)	40.00
90		JTG G10—2016	公路工程施工监理规范(13275)	40.00
91		JTG F90—2015	★公路工程施工安全技术规范(12138)	68.00
92	养护管理	JTG H10—2009	公路养护技术规范(08071)	60.00
93		JTJ 073.1—2001	公路水泥混凝土路面养护技术规范(13658)	20.00
94		JTJ 073.2—2001	公路沥青路面养护技术规范(13677)	20.00
95		JTG H11—2004	公路桥涵养护规范(05025)	40.00
96		JTG H12—2015	公路隧道养护技术规范(12062)	60.00
97		JTG H20—2007	公路技术状况评定标准(13399)	25.00
98		JTG/T H21—2011	★公路桥梁技术状况评定标准(09324)	46.00
99		JTG H30—2015	公路养护安全作业规程(12234)	90.00
100		JTG H40—2002	公路养护工程预算编制导则(0641)	9.00
101	加固设计与施工	JTG/T J21—2011	公路桥梁承载能力检测评定规程(09480)	20.00
102		JTG/T J21-01—2015	公路桥梁荷载试验规程(12751)	40.00
103		JTG/T J22—2008	公路桥梁加固设计规范(07380)	52.00
104		JTG/T J23—2008	公路桥梁加固施工技术规范(07378)	40.00
105	改扩建	JTG/T L11—2014	高速公路改扩建设计细则(11998)	45.00
106		JTG/T L80—2014	高速公路改扩建交通工程及沿线设施设计细则(11999)	30.00
107	造价	JTG 3810—2017	公路工程建设项目造价文件管理导则(14473)	50.00
108		JTG M20—2011	公路工程基本建设项目投资估算编制办法(09557)	30.00
109		JTG/T M21—2011	公路工程估算指标(09531)	110.00
110		JTG/T M72-01—2017	公路隧道养护工程预算定额(14189)	60.00
1	技术指南	交公便字〔2006〕02号	公路工程水泥混凝土外加剂与掺合料应用技术指南(0925)	50.00
2		交公便字〔2009〕145号	公路交通标志和标线设置手册(07990)	165.00

注:JTG——公路工程行业标准体系;JTG/T——公路工程行业推荐性标准体系;JTJ——仍在执行的公路工程原行业标准体系。
批发业务电话:010-59757973;零售业务电话:010-85285659(北京);网上书店电话:010-59757908;业务咨询电话:010-85285922。